La Tempête Alex,
un pont sur le futur

Anne DORR

La tempête Alex,
un pont sur le futur

Recueil de témoignages croisés de sinistrés et de
bénévoles de la tempête Alex, mis en récit.

Avec le discours - témoignage intégral de
Sébastien Olharan, maire de Breil sur Roya.

© 2021 Anne Dorr

Édition : BoD – Books on Demand,
12/14 rond-point des Champs-Élysées, 75008 Paris
Impression : BoD - Books on Demand,
Norderstedt, Allemagne

Illustration : Tiffany Palmowski / Xavier Jobin

Colibri & Ganesha / A Souceta Briienca de Breil sur Roya .

ISBN : 978-2-3223-8708-3
Dépôt légal : Novembre 2021

« Seul, on va plus vite, ensemble, on va plus plus loin! »

Proverbe Africain .

Avant propos

Le 2 octobre, les vallées de l'arrière pays Niçois fêtent le 1er anniversaire de la tempête Alex qui a ravagé leurs villages, leurs paysages et emportés dans les eaux des habitants. Cette tempête a changé la vie de milliers de personnes. Pas seulement celles des sinistrés, qui ont horriblement souffert, mais aussi celles des concitoyens et de toutes les personnes venues porter main forte, un peu de réconfort ou un instant de bonheur aux habitants des vallées.

Il y a eu un avant, il y aura un après, et c'est cet après qu'on interroge dans cette période anniversaire. Comment sera ce futur ? Sur quelles bases se contruit-il? Que peut apporter comme prise de conscience une catastrophe aussi importante qu'un effondrement comme celui qu'a provoqué la tempête Alex? Quels sont les envies de changements fondamentaux?

 A l'heure où les sinistres climatiques s'enchaînent les uns après les autres, où la terre brûle d'un côté et disparaît sous les eaux d'un autre côté, comment allons nous construire ensemble nos lendemains ?

Que vont vouloir dire les mots solidarité, entraide ou rebâtir maintenant ?

Des histoires singulières, de belles histoires, il y en a eu des centaines pendant cet évènement. En voici une parmi d'autres. Voici un recueil de témoignages que nous avons vécu et construit ensemble, sinistrés et bénévoles, à travers deux événements : la tempête Alex et quelques mois plus tard, le festival des Voix et des Merveilles.

Cette histoire est réelle, elle peut avoir une portée universelle, transposable et c'est pour cette raison que j'ai choisi, avec l'accord des protagonistes, de garder les vrais prénoms et de ne pas citer de nom de famille.

Raconter cette histoire est aussi une façon de remercier toutes celles et ceux qui ont apporté leur pierre à l'édifice de l'avenir, de permettre aujourd'hui à chacun de passer ce pont, celui du passé au futur. Rien n'aurait pu se passer si cette aventure n'avait pas été collective.

Merci aussi à Sébastien Olharan, le Maire de Breil-sur-Roya de sa confiance et de partager ici son discours donné lors de la cérémonie de commémoration du 3 Octobre 2021 qui témoigne de sa Tempête Alex.

Cette page d'avant propos ne serait pas assez grande pour contenir leurs noms, ils se reconnaîtront… Je voudrais n'en citer qu'un, celui de mon compagnon Xavier. Sans son soutien indéfectible jusqu'à l'écriture du livre, rien n'aurait pu se passer.

Merci à toutes et tous. Nous, les protagonistes de cette histoire, tenons à vous remercier du fond du cœur.

Ce livre vous est dédié.

I. L'effondrement

1

La tempête Alex

Vendredi 2 octobre 2020 19h : Rose entend frapper à sa porte. Elle ouvre. C'est sa voisine. Elle a l'air désemparée et totalement trempée. Chez elle, dans sa toute petite maison de village aux pierres anciennes, il pleut des trombes d'eau. La tempête Alex a fait valser des tuiles de son toit et il pleut à l'intérieur. Elle ne peut rien faire, elle se sent totalement impuissante…

Rose et son mari Georges, qu'on surnomme Pomme, la font entrer chez eux. La maison est dans la pénombre. L'électricité vient de se couper depuis quelques minutes. Mais au moins, ici , chez Pomme et Rose, elle sera au sec et surtout, elle ne sera pas seule.

Pas une lumière dans Breil-sur-Roya, ce petit village de l'arrière pays niçois, Pas une âme qui traine dehors non plus. Les autorités municipales ont prévenu. La tempête Alex va s'abattre sur l'arrière pays Niçois. Elle a traversé toute la France, d'Ouest en Est sans trop de dégâts mais il faut rester prudents ! Aujourd'hui, ce 2 octobre, depuis le début de l'après midi, et surtout depuis 16h, elle est là. « *Restez chez vous, ça va souffler et il va tomber des trombes d'eau !* » Les prévisions ne se sont pas trompées.

Rose invite sa voisine à partager leur repas. Le gaz marche encore, comme une lueur rescapée, la soupe est chaude. Puis Rose propose de jouer à un jeu de cartes, histoire d'éloigner un peu ce début d'angoisse qui commence à monter. La voisine va dormir là. Il pleut vraiment très très fort … Le couple habite en haut du village, la pluie ruisselle vers le bas, vers le lit du petit fleuve qui file jusqu'à la méditerrannée italienne, la Roya.

22h : Un téléphone sonne. Marie-Noëlle et André se sont couchés tôt. Comme il n'y a pas d'électricité, il n'y avait pas grand-chose à faire.

« Marie Noëlle, comment ça va chez toi avec la tempête ? » Depuis leur retraite il y a quelques années, Marie-Noëlle et André vivent à plein temps dans leur maison de famille à quelques mètres des rives de la Roya. L'amie de Marie-Noëlle habite juste en face, de l'autre côté.

C'est au bord de la Roya que s'est construit le centre historique de ce village ancien. Il a connu ses heures de gloire pendant l'époque de la route du Sel. Cette époque où l'on transportait le sel de la mer méditerranée à Turin. Ce village baroque, embelli au XX ème siècle par un lac artificiel qui est devenu on atout touristique, est aussi aux portes de la vallée des Merveilles.

« Moi, j'ai de l'eau jusqu'au milieu de ma cave ! »

Marie Noëlle regarde dehors, il fait nuit noire, très noire, raconte t-elle. Elle regarde son jardin du haut de son premier étage qui est l'étage de vie, en plein pied, elle ne voit rien… absolument rien.

La maison de Marie Noëlle est en deuxième ligne pourrait-on dire. Un peu plus en arrière que celles qui sont au bord de la route de l'Isola, cette route qui longe la Roya. Leur maison est collée, voire encastrée au flan d'une colline.

Tout est calme maintenant, à part la pluie, on dirait que la tempête s'est apaisée… Non, elle ne voit pas d'eau. S'il y avait de l'eau, au moins, elle le sentirait, elle l'entendrait … La cave de Marie Noëlle est en fait un presque rez-de-chaussée. Il faut descendre deux marches et courber la tête pour entrer dans la cave, l'antre d'André qui y a déposé toute sa vie, celle d'hier et ses souvenirs, celle d'aujourd'hui et ses passions qui vont de la musique au billard en passant par le jardinage.

Marie Noëlle regarde encore, elle ne voit rien… enfin, elle pense qu'elle ne voit pas d'eau. Elle va aux toilettes et reste inquiète. Puis elle prend une lampe de poche et essaye de regarder plus attentivement. Mais oui, il y a bien de l'eau, comme une mer calme et posée dans tout son jardin, une étendue d'eau continue. Elle voit aussi des troncs d'arbres et des tas d'objets qu'elle n'identifie pas.

Elle n'a pas le temps de réagir qu'on frappe à sa porte. Celle qui donne accès au flanc de la colline par un petit chemin sur le côté. C'est par là que des hommes envoyés par les secours viennent lui dire qu'il faut quitter les lieux.

« Mais je suis en pyjama ! Lui répond-Marie Noëlle, je peux au moins me changer ?

-Oui mais faites vite, il faut partir, monter et aller en lieu sûr. »

Et ils s'en vont, laissant Marie Noëlle et André seuls. C'est où les lieux sûrs ? Plus désorientés, que paniqués, ils rassemblent quelques affaires rapidement, s'engagent sur leur petit chemin qui les amène sur la route.

Marie-Noëlle prend soin de garder sur elle sa carte d'identité. « Parce que si je meurs, au moins on saura qui je suis … »

Là, des pompiers les font monter dans leur camion rouge et les déposent sur les hauteurs du village, à l'école communale qui commence à se remplir de Breillois évacués.

Le jeune maire et son équipe municipale fraichement élus sont sur le pont. Les discussions sont discrètes, l'attente est lourde. Assis sur des chaises, personne ne dort cette nuit là … Que va t-il se passer ?

2

Le 2 octobre, dans le reste de la France.

Les infos mettent en Une la tempête Alex. Les 3 vallées de l'arrière pays de Nice sont touchées : la Tinée, la Vésubie et la Roya. Chaque vallée porte le nom de sa rivière ou son fleuve. Au moins une cinquantaine de villages ont été touchés. Je fais partie de ces français qui ont allumé leur télé pour découvrir avec stupéfaction la force de la tempête Alex : des eaux capable d'emporter en quelques minutes une maison entière, telle un château de cartes.

Toute la nuit, je repense à ces images... J'ai été victime de dégâts suite à une catastrophe naturelle à Nice. Ma mère habite à Draguignan qui, avec la vallée de l'Argens, a été deux fois sous les eaux... Je n'ai pas dormi. Je ressens ce que tous ces habitants peuvent ressentir, je pense à eux... Que faire ?

Je n'avais pas encore vu l'image de ce couple de petits vieux emportés par la tempête Alex avec leur maison, une image que personne ne peut oublier... Cette catastrophe climatique est sûrement une des plus importante que nous ayons vécue en France depuis bien des années.

Je ne suis pas la seule à être sous le choc...

A Camaret-sur- Aigues, dans le Vaucluse, Wilfrid se pose la même question. Que faire ? Engagé dans différentes associations de solidarité, il réfléchit à la façon de lancer dès le lendemain son premier appel aux dons pour les sinistrés des vallées.

Son ami Florian, pompier, est déjà parti pour secourir les victimes et rechercher les corps des disparus. Les jours suivant, Florian lui raconte par téléphone ce qu'il voit et ce qu'il vit sur place. Les dégâts sont indescriptibles. A cela, s'ajoute la détresse psychologique des victimes et la peur des habitants.

Il devient de plus en plus difficile pour Wilfrid de rester inactif de plus qu'il connaît bien la vallée de la Roya. Il y a travaillé comme responsable du centre de vacances de Breil-sur-Roya et y a encadré des groupes sur les sports de nature et de rivière. Les souvenirs de cette merveilleuse vallée lui remontent en mémoire. Dès qu'il aura réuni assez de dons, ce cinquantenaire à l'allure sportive et bien ancré, partira là-bas pour les déposer et soutenir ses amis.

3

Le jour d'après…

Le jour se lève sur le 3 Octobre.

Sébastien, le maire de Breil arrive personnellement dans l'école prévenir ses citoyens que personne ne doit descendre dans les maisons et dans le bas du village, le long des rives de la Roya, c'est trop dangereux. Mais bien sûr, personne n'écoute, l'inquiétude de voir l'état de sa maison, d'imaginer son avenir sont trop forts. Chacun veut aller voir et constater les dégâts.

C'est une désolation. Une image de guerre… L'eau est bien redescendue dans le lit de la Roya, mais elle a débordé de plus de 10 m de part et d'autres et par la force combinée avec le vent, elle a tout emporté sur son passage, détruisant tout, absolument tout et déposant des décombres venant des villages du haut de la Roya, depuis Tende en passant par Fontan,. Ce n'est pas juste une inondation, c'est une image irréelle. Des Carcasses de voitures se mélangent avec des troncs d'arbres, des pierres, des machines à laver, du mobilier et tellement d'objets indescriptibles, le tout dans une boue gris noire qui couvre tout…

C'est la stupéfaction !

Marie-Noëlle et André arrivent devant leur maison. L'eau est entrée avec force dans leur cave. Elle est montée au plus haut à presque 2 m. Tout est par terre, brisé, éventré… Et cette boue partout, une boue lourde qui rend tout déplacement compliqué…

Ce matin là chez Rose, Stéphane, le fils de la voisine frappe à la porte. Elle ouvre. Ce jeune homme de 30 ans bien bâti lui tombe dans les bras, en larme. « Rose en bas, c'est un désastre, Breil est détruit, on a perdu notre village, c'est foutu, il y a des morts… »

Rose regarde Pomme. Est-ce possible ? Elle a du mal à le croire… Son regard si doux à l'habitude, ici rempli d'inquiétude insiste. Est-ce possible ?

Pomme est retraité de la police nationale depuis quelques années. C'est un homme qui a le sens du service. Il a profité de ce temps à disposition pour créer une association « La Cruella ». En fait, la Cruella est le nom d'une des nombreuses tours médiévales qu'on appelle les tours de Gènes, typiques du bassin méditerranéen, qui permettaient de surveiller l'arrivée des ennemis. Cette tour est l'emblème de Breil, un symbole de la force et de la résistance du village face aux guerres et aux épreuves de la vie, et elle était en ruine. Pomme est un homme positif et courageux. Il a le contact facile et entraine dans sa bonne humeur des habitants de Breil de toute génération. Ensemble, ils ont réussi à reconstruire la tour à l'identique, à faire que chacun puisse monter à son sommet, à scruter le paysage entre deux créneaux, et s'imaginer le temps d'un instant, soldat protecteur de Breil. Rose l'a toujours soutenu dans son action. Elle a fait à manger pour les équipes de Pomme, cousu des drapeaux et brodé des tee-shirts qui ont été vendus pour récolter des fonds… Ensemble, ils inspirent le respect et sont des symboles de la reconstruction.

Aujourd'hui, Breil-sur-Roya se serait effondré..

Pomme se munit de grosses bottes et descend jusqu'à la place de l'église. Comment raconter ce qu'il voit à Rose ? Comment raconter ce qu'on lui rapporte ? Oui, le bas du village est ravagé. Les rives de la Roya et le lac sont un cimetière foutraque de tout : Entre les débris du pont arraché, des voitures ou des meubles. Les premiers secours cherchent des corps. … Il imagine ce que le jeune homme racontait il y a quelques instants: « Il y a eu des vagues de plus de 7 m de haut qui se sont abattues sur le pont au village, des vagues qui se formaient depuis la force de la descente des eaux, qui se cognaient sur les détritus amalgamés parce qu'ils bloquaient le fluide de l'eau. »

C'est un tsunami !

Chez elle, Rose prend le jeune homme dans ses bras, lui dit que ce n'est qu'un cauchemar, que tout cela va s'arranger. En vrai, elle s'effondre en larme. Son village qui l'a adoptée il y a quelques années, où elle vit sa retraite heureuse avec l'homme qu'elle aime et qu'elle soutient dans ses engagements de bénévole, a t-il vraiment disparu ce samedi 3 octobre ? Des cercueils des cimetières ravagés des villages plus haut échouent à Breil.

Dans la journée, le fils de Marie Noëlle et André arrive tant bien que mal de Nice pour venir chercher ses parents. Il veut les mettre en sécurité. Monter à Breil a été compliqué, il ne reste qu'une route intacte mais entravée par des arbres et des pierres. Ses parents ne sont pas en état de prendre une décision tellement le choc est fort. Ils se laissent faire. Sur la route, ils croisent les secours qui commencent à monter de Nice et des autres villages plus bas… Le surlendemain, Marie Noëlle et André ne tiennent plus, ile veulent rentrer. Ils quittent Nice.

Nous sommes le dimanche 4 Octobre.

4

Les jours suivants

En arrivant au village de Breil, ils croisent quelques bénévoles venus de toute la côte pour aider. La plus part des routes sont coupées, il est impossible de monter plus haut que Breil dans la vallée de la Roya, alors ils sont ici. Marie-Noëlle pense aux habitants des villages du haut, elle sait qu'ils sont isolés du monde. Près de la gare, un hélicoptère s'est approprié une piste de décollage improvisée. Il fait des aller venues entre pour évacuer les personnes fragiles et apporter des vivres et des secours dans le haut de la Roya.

Marie-Noëlle regarde son jardin. C'est un champs de boue! Tout est submergé, il ne reste rien sauf ... Un dalhia qui sort sa tête colorée orange de cataclysme. Un seul. Comment a t-il fait pour résister ? Est-ce une note d'espoir? Marie-Noëlle amoureuse de la nature et des fleurs le prend comme tel.

C'est surtout le lundi matin, qu'une foule de bénévoles arrivent à Breil. Ils sont encore totalement désorganisés mais cherchent à se rendre utile. « Vous avez besoin d'aide ? » Crient trois jeunes hommes d'une vingtaine d'années à Marie Noëlle du bas de la maison.

Oui mais par où commencer ? Elle a peur pour eux, les dégâts sont tellement importants… « Je les suppliais de faire attention, de ne pas entrer dans la cave n'importe comment. Est ce qu'ils se rendaient compte que sous la boue, il pouvait y avoir des débris de verre ? Tous mes bocaux étaient cassés… Ou des morceaux de fer, ils pouvaient se couper, se blesser, personne ne pouvait savoir ce qu'il y avait sous les mètres de boue… » Ils ont vidé la cave, transportant des seaux plein de boue, des seaux très lourds. La boue, c'est lourd … Les bénévoles ont bataillé avec elle pendant des jours, des semaines, des mois… Marie-Noëlle voit encore l'image de ces hommes et de ces femmes faisant la chaîne avec les seaux… Le plus jeune avait 12 ans et le plus vieux 80 ans… 80 ans ! Marie-Noëlle lui a proposé d'aller plutôt aider à laver les affaires. Les seaux de boue, ce n'était quand même plus de son âge …

Tous les jours, Marie-Noëlle fait à manger, parfois pour plus de 80 personnes par jour, avec ce qui était disponible. « Ce n'était pas facile, il ne restait qu'un magasin de vivres… » Elle cuisine au premier, à l'étage épargné, André est en bas à aider et guider les bénévoles. André a plus de 75 ans, ses forces morales le lâchent, parfois la douleur est tellement difficile à cacher qu'il part faire un tour….

Plus les bénévoles et les pompiers avançaient dans leur travail et dégageaient la cave, plus le couple découvre sous leurs yeux, devant leurs fenêtres, un immense tas.

Leurs souvenirs se mélangent aux décombres des autres arrivés chez eux dans cette boue morbide… Tout ne fait qu'un, comme un spectacle de désolation, face aux bénévoles qui eux aussi ne font qu'un. Un corps, symbole de l'espoir, de la reconstruction.

Marie Noëlle est présidente d'une association, l'A Soucéta Briienca, une association solide et reconnue au village qui comprend une petite centaine de membres et qui œuvre à sauvegarder le patrimoine de Breil, le patrimoine matériel et immatériel, les monuments et les coutumes. La cuisine Breilloise en fait partie. Alors, elle a l'habitude de faire à manger pour du monde. Aux journées du patrimoine, ils font plus de 200 repas par jour, mais aujourd'hui tout son matériel de cuisine est parti avec les eaux. Quand machinalement, elle cherche quelque chose, André lui rappelle avec un humour pincé qu'il est à Vintimille, dans l'embouchure de la Roya. Alors pendant ces jours d'après, on fait comme on peut. Il faut continuer, avancer et aider…

Jean-Marc, vice président de l'A Souceta Briienca, n'est pas à Breil ce 2 Octobre, mais en vacances. Il voit les images sur Facebook. Jean-Marc est profondément bouleversé. Breil est le village natal de son papa et depuis plus de cinquante ans, il l'accompagne dans leur campagne. Jean-Marc y est fortement attaché. Avec l'association, il défend son histoire, ses valeurs et son patrimoine. Pour Jean-Marc, pas de futur solide sans une connaissance du passé. Jean-Marc rentre. Chez lui,

les dégâts sont minimes alors, ça attendra. Le plus important est d'aller aider ses amis, Marie-Noëlle et André. Encore aujourd'hui, il se souvient …
« Comment vous avez fait pour vivre dans cette boue ? Dans cet environnent ? » Elle lève les yeux aux ciel… Elle-même ne le sait pas…

Normalement, dans les manifestations de leur association, il cuisine avec Marie-Noëlle. Ici, Jean Marc se joint aux bénévoles et transporte avec eux ces fameux seaux remplis de boue… Vu la quantité, quand est ce qu'on arrivera au bout ?

Rose part au vert dans le Var chez sa sœur, elle ne supporte plus cette détresse…

II. le temps des rencontres

5

A chacun son style.

Depuis Paris, je cherche à me rendre utile.

Ma première idée est bien sûr de monter en tant que bénévole dans les vallées dès que je serai sur Nice. Vers le 15 octobre. Ensuite, comme tout le monde, c'est d'envoyer de l'argent. Nice Matin rouvre son groupe Facebook, Solidarité Intempérie, celui qui nous avait permis de communiquer entre nous sinistrés lors des catastrophes de fin 2019. Des chemins de la solidarité se dessinent. Nice Matin propose une cagnotte.

Mais que faire de plus? Peut-être, ce que je sais faire, apporter de la joie et de la bonne humeur quand il sera le moment. Je suis réalisatrice de documentaires culturels à la télévision et je rencontre de nombreux artistes du spectacle vivant. Peut-être que pour l'été, les vallées seraient heureuses d'avoir des concerts ? Une marque de soutien ? Je partage cette idée avec mes amis du monde du spectacle de Nice. Samuel, Philippe et François sont les premiers à me répondre présents. Philippe viendra avec son groupe de percussion Ça percute, et les jeunes des conservatoires de Nice et de Grasse. Samuel engage en son nom son ensemble d'instruments à vent, le Monaco Brass, avec des musiciens issus principalement de l'orchestre philharmonique de Monte Carlo.

Nous n'avons aucune idée de ce que nous allons faire, ni comment nous allons le faire, mais nous allons le proposer…

Nous sommes mi-octobre, il fait encore bon sur la terrasse de la place Garibaldi à Nice quand nous nous rencontrons pour la première fois sur ce sujet. Le manège à côté de nous diffuse une agréable musique. Ça sent la fête, les gens semblent heureux. Nous nous imprégnions de cette douce ambiance. N'est ce pas cela que nous souhaitons redonner aux sinistrés de la vallée ?

Le 18 Octobre, Wilfrid est prêt à partir. Avec son épouse et des amis, il a réuni du matériel et des vivres, de quoi remplir 4 camions. Ils se partagent la conduite des véhicules et des vallées. Wilfrid a pris quelques jours de RTT et roule vers la Roya. Il ne pourra pas aller plus loin que Breil, les routes sont coupées, mais son chargement continuera par la navette de l'hélicoptère pour les villages plus haut. En arrivant, il est frappé par l'étendu des dégâts. « C'est pire que ce qu'on voit à la télé ! »

Cette désolation s'étend partout. Wilfrid se rend compte que les secours et l'aide vont durer des mois et des mois. Mais là, ce soir, il appelle un ami pour le voir. « Je ne peux pas bouger, je suis bloqué chez moi, isolé.

Je suis ravitaillé par une tyrolienne qu'on a mise en place avec des bénévoles. »

Chez lui, c'est le hameau du Foussa. Wilfrid décide d'aller le voir en faisant un long détour par des sentiers. La petite rivière de la Lavina qui fait à peine 3 mètres de large a débordé de son lit jusqu'à 50 m de part et d'autre. Les limons et les détritus font un amas sur des kilomètres. Il n'y a plus de pont, plus aucun accès en dehors de ce sentier forestier pour rejoindre le village. Pendant les trois heures de route du retour, Wilfrid et son ami Florian, le pompier, échafaudent des plans. Il faut construire un pont au plus vite pour désenclaver le hameau. Pas question de faire ça à la hache et au seau, il faut une pelleteuse et un hélicoptère pour sortir les décombres et apporter les nouveaux matériaux. Le défi est lancé.

Ce défi deviendra le point de départ de l'histoire de Wilfrid : trouver de gros engins de chantier pour aider à déblayer plus rapidement. Dans les mois suivants, la mairie de Camaret-sur-Aigues lui prête un fourgon et un camion benne. Un agriculteur du Vaucluse lui propose ses services avec sa pelleteuse et sa remorque. Wilfrid rencontre Jean Charles, Tom et les autres. Il forme avec eux une équipe de bénévoles capables de conduire les gros engins.

Un jour, en voulant se faire prêter des machines par un loueur solidaire, celui-ci lui demande son N° de siret, au moins pour assurer les engins. En tant que particulier, Wilfrid n'en a pas. C'est le déclic, il va créer son association « Aides aux sinistrés ». D'une situation bloquante, Wilfrid va en faire une opportunité. Il va pouvoir mieux se structurer : évaluer ses chantiers, faire des devis, se rapprocher du Secours populaire et de la Croix Rouge et demander des aides financières, eux ont reçu des dons en argent.

Un réseau d'associations complémentaires d'entraide est en train de se créer : Aides aux Sinistrés prendra des chantiers à gros engins. D'autres viendront en parallèle, la Mission Trekkeurs et les Week-End Solidaires, sans parler de tous ceux qui viennent par eux-mêmes.

Pomme de son côté n'est pas en reste. Il n'oubliera jamais son nouvel ami Philippe, un bénévole, venu 6 longues semaines des Ardennes et qui en a remonté des murs avec lui…

6

A chacun son rêve ...

Fin octobre. Avec mon compagnon, nous voudrions nous lancer pour un week-end de solidarité. Beaucoup de villages sont encore isolés, les routes coupées, les rails eccombrés. Impossible d'aller aider si on ne fait pas parti d'un groupe de secours professionnel ce qui est notre cas. A ce moment de l'histoire, je ne trouve aucune info sur la façon de se proposer comme bénévole. Une amie me dit d'aller à Breil-sur-Roya, seul village accessible grâce au train des Merveilles qui lui, tient la route si on peut dire ça comme ça. Là, les bénévoles seront accueillis à la sortie de la gare.

Effectivement, nous descendons du train et devant la gare, nous découvrons une impression de marché à la criée bon enfant.

« J'ai besoin de 3 personnes ! –Moi de 2 … -Moi Je cherche Isabelle et François, ils se sont proposés par Facebook… »

Les organisateurs improvisés embarquent un nombre de bénévoles dans leur voiture, se partagent les seaux et les pelles et tout le monde part pour une journée de boulot. Nous traversons un village sinistré, longeons ce qu'on pourrait appeler un cimetière de voiture. « Ce sont toutes les voitures endommagées qui attendent l'expertise des assurances » nous dit notre chauffeur guide. A voir les voitures, comment douter!

Et ainsi, nous sommes arrivés chez Jean-Marc à Bancao sur les hauteurs de Breil, avec une petite dizaine de personnes, pour virer de la boue, remonter des murs de pierres et refaire de son terrain, un terrain vivable. La boue a séché en superficie. Il faut des pioches et des pelles pour déplacer cette terre durcie.

C'était une très belle journée. Les montagnes se paraient d'un rouge sombre automnal.

En aidant Jean-Marc à préparer le repas pour tous les bénévoles, nous faisons plus ample connaissance. Nous partageons la même passion pour les arts et la culture. « Si je peux vous apporter quelque chose par mon métier, faire venir des artistes, je le ferai bien volontiers.

J'ai un rêve, me répond-il. Il y a encore deux ans, à Breil il y avait le festival des Voix et des Merveilles, un festival lyrique qui n'existe plus depuis fin 2018. Il était magnifique. Les artistes chantaient dans les chapelles et l'église de Breil, mais aussi dehors sous les oliviers…. Mon rêve est que ce festival reprenne vie, encore plus fort, encore plus beau… »

Le festival des Voix et des Merveilles était né du désir d'une ancienne cantatrice soprano Maria Rosa domiciliée à Breil. Pour cela, elle avait fondé une association, La voix des merveilles, et Jean-Marc faisait parti de son Conseil d'administration. Il avait fait en sorte que l'A Soucéta Briienca soit partenaire. En gros, ces deux associations avaient créé une alliance pour le festival et comportaient de nombreux membres en commun.

La journée se termine, on se dit à très vite, mais les rêves ne sont pas toujours faciles à réaliser … Je venais avec mes habitudes professionnelles et ma façon de travailler, internet et une vie numérique. Jean-Marc, homme de la campagne, regardait rarement ses mails et le deuxième confinement n'a pas arrangé pas les choses. Nous avons mis du temps à nous retrouver…

Le maire, Sébastien, commence ce qui va devenir un rituel : des rendez vous en Facebook live. Ce rendez vous est salvateur pour tout le monde, pour les bénévoles aussi venus aider . Ce facebook live permet de connaître aussi le travail du département et de la région.

L'automne commence à se faire bien sentir. Wilfrid et ses amis continuent leurs missions les week-end pour désenclaver le hameau du Foussa. Après avoir déblayé les montagnes d'arbres et de limon, la bonne surprise a été de voir que le pont est resté intact. Une autre bonne nouvelle s'ensuit: Wilfrid commence à tisser un nouveau réseau important pour avancer dans les travaux de reconstruction. Cette fois, avec les institutions publiques et les collectivités. Pour faire ce travail de déblayage et de recanalisation, il a du travailler avec la police des eaux et la communauté des communes, la CARF. Chaque chantier terminé, ce sont des sourires retrouvés.

La vie des bénévoles solidaires commence à s'organiser. Mieux, à se structurer ! L'ancienne douane, appelée aussi le quai B est devenu leur QG. Il a été nettoyé par des bénévoles pour permettre à d'autres de loger là. Ce lieu est devenu celui des rencontres et des échanges.

Pomme, Marie-Noëlle et Jean Marc le reconnaissent : Voir arriver tous ces bénévoles chaque week-end comme en semaine, se retrouver à partager un café devant chez Serge dont le bar sinistré est fermé, manger ensemble une paëlla confectionnée par des bénévoles, ça fait chaud au cœur…

Le mois de Novembre a vu progresser bien des chantiers. Le prochain de Wilfrid sera la route de l'Isola, chez Marie Noëlle. Les seaux et les pelles des bénévoles ne peuvent suffire à faire disparaitre ces tonnes de boue. Il faut les engins de Wilfrid et de ses équipes. Enfin, ça bouge devant chez Marie-Noëlle qui continue à nourrir et à loger des bénévoles ! Chacun dans sa partie, suivant son style et son âge apporte sa contribution. Il est étonnant de voir des personnes comme James, considéré comme inapte à la société à cause de soucis de santé, ici retrouver le sourire et la joie de vivre. James travaille à son rythme.

Non seulement cela convient à tout le monde, mais lui est heureux. Il se sent utile.

Il va suivre Wilfrid tout au long de cette aventure.

7.

Le festival des Voix et des Merveilles.

Février 2021. Je rencontre enfin Marie Noëlle, Pomme et Isabelle, élue municipale et conseillère à la culture. A priori, c'est ensemble que nous allons essayer de remettre sur pied ce festival. Les plaies des souffrances de la tempête Alex sont encore béantes. Par pudeur, nous ne parlons pas de ce qu'ils ont vécu pendant ces jours et ces mois, juste quelques mots, brièvement. Le paysage parle par lui-même. Le jardin de Marie-Noëlle et André est gris. Devant chez eux, des engins de chantier manoeuvrent entre les longues montagnes de boues asséchées qui bordent les routes. Il en sort des barres de fer tordues, des plaques de ciment cassées et du bois. Des kilomètres de rubalise interdisent certains passages et entourent les maisons fissurées, abandonnées parce que dangereuses, du chemin de l'Isola, de la place Biancheri de l'autre côté, et de celle de l'église. Ce ruban de chantier blanc et rouge est là, comme pour marquer un moment de sursis avant les futures destructions… C'est une image encore apocalyptique, un temps suspendu, un entre temps… le printemps n'est pas encore là.

Et pourtant nous déjeunons sur la terrasse de Marie Noëlle, nous profitons des premières douceurs du soleil.

Nous nous écoutons les uns les autres, nous partageons nos expériences. Pomme raconte ses histoires de la tour Cruella, Jean Marc et Marie Noëlle me parlent des festivités que leur association organisait avant la tempête, avec une pointe de nostalgie dans la voix. Les discussions sont passionnées et passionnantes. Je les encourage à parler, aujourd'hui, tous les rêves sont permis. Dans la réalité, je le sais, il faudra s'adapter. Mais aujourd'hui, nous avons tous envie que l'été soit un moment de fête et de renaissance pour Breil. Ce moment est par ricoché, formidable.

Dans les mois précédents, à Nice, j'avais cherché une structure de production existante, de confiance pour abriter ce projet de festival, sans succès. Alors, nous décidons de créer un collectif d'associations. Il s'appellera « Reconstruire par la culture ». Bon, ce n'est pas original, mais nos esprits sont ailleurs…. Nous serons trois pour commencer. L'A Soucéta Briienca, la Voix des Merveilles et mon association Question de Cœur.

Je la préside depuis deux ans. Elle a vocation à mettre en valeur des œuvres ou des évènements culturels à but humaniste. Ici, on ne peut mieux tomber …

L'association de Pomme, La Cruella, sera présente aussi pour le festival. Elle proposera des promenades ou des randonnées. Rose aidera à la cuisine. Elle ne manque jamais à l'appel quand Marie-Noëlle a besoin d'elle. Mes amis musiciens me confirment leur présence. Ici aussi, tout comme pour Wilfrid, il se dessine un nouveau réseau de solidarité.

Je découvre ce que les Breillois souhaitent faire : un festival où toutes les formes de culture sont présentes : les arts, l'artisanat et le patrimoine sont au même niveau. Un festival ou les arts qu'on pourrait croire élitistes croisent les arts populaires. J'avoue que cette direction me plait beaucoup. Le mélange des styles, le mélange des générations... Cela fait sens avec le désir de reconstruction.

Je repars avec la mission d'écrire un nouveau dossier et de trouver des partenaires financiers. Un défi ! Qui connaît Breil-sur-Roya ? Qui va nous suivre pour un festival de village ? Je ne suis pas très sûre de moi mais la force de toute cette collectivité me pousse à y croire…

8

Bientôt le printemps

A force de travailler devant chez Marie-Noëlle, Wilfrid et elle se lient d'amitié. Le champ de boue reprend l'apparence petit à petit d'une route, mais Wilfrid constate que le sourire ne revient pas vraiment chez ce couple de retraités. Tout est gris dans leur cœur comme tout est gris dehors. La boue colle aux souvenirs comme au sol. La boue, toujours elle. Elle ne lâche rien. Pas une pousse d'herbe, pas une touche de vert ce qui est inimaginable dans cette région du Sud de la France. Est-ce que le printemps va pouvoir revenir ?

A Breil-sur-Roya, les habitants vivent une connexion très forte avec la nature. Ceux qui le peuvent ont un potager avec beaucoup de plants de légumes. André était au paradis dans son jardin. Alors, pour lui et pour les autres, Wilfrid lance une opération « Refleurir le village ».

D'un côté, il lance un appel aux dons pour recevoir des fleurs, des plantes et des arbres, et d'un autre, il aide Marie-Noëlle et André à nettoyer leur jardin.

Pari gagné ! Le 7 mars, des camions entiers pénètrent dans Breil avec des fleurs et des pots en terre. Wilfrid avait envie de faire entrer de la beauté à Breil. De soigner les cœurs blessés. Il a réussi !

« Ça donne le sourire » dit Marie-Noëlle en voyant son jardin avec de jolies petites tâches de couleur…

Wilfrid et les autres bénévoles le feront aussi sur Tende, un village plus éloigné qui a énormément souffert.

Dans la foulée, le printemps arrive. Enfin ! Pour Marie-Noëlle, revoir les premières feuilles aux arbres a été le premier signe concret de la renaissance. On a beau essayer de faire, c'est malgré tout la nature qui est la plus puissante. Dans le pire comme dans le beau. Marie-Noëlle sent le réveil de la nature au fond d'elle. Elle entrevoit l'avenir. « Aussi, dit-elle, à partir de cette époque, j'ai commencé à être très occupée avec l'organisation du festival. »

Wilfrid est un homme à plusieurs casquettes. Jusqu'à présent, les sinistrés et les bénévoles le voyaient comme un homme de terrain, un homme fort, charismatique, capable de relever des défis digne d'un chef d'entreprise mélangé à la bravoure d'un soldat du coeur. Il avait laissé, en apparence, son côté artiste. Wilfrid est un amoureux des arts et du beau.

Depuis quelques années, pour son plaisir, il crée des sculptures à partir de déchets avec l'envie de sensibiliser la population sur les sujets de pollution. Son crédo : comment faire du positif avec du négatif ?

Depuis plusieurs week-end sur un chantier qu'il suit, il passe devant un énorme tas de fils de fer. Des stigmates de la tempête Alex. Une fois, deux fois, trois fois et cette fois ci, il se décide, il l'embarque dans son camion. Après tout, il roule à vide au retour… Il veut créer quelque chose avec ce tas, illustrer à sa façon ce qu'il a vécu, symboliser la peur et le désespoir des habitants de la vallée tout comme le courage des bénévoles.

Il tire un fil, le tord, le travaille et crée sa première statue, le penseur. Sa future collection s'appellera Résilience. Est ce que cette aventure peut changer l'esprit des gens ? Leur vie ? Combien de drames et de prise de conscience faudra t-il pour que nous changions nos modes de vies ?

Je n'ai pas rencontré Wilfrid sur des chantiers de bénévoles. J'ai découvert Wilfrid à travers Facebook. J'ai vu les photos de ses œuvres pratiquement au moment où j'ai rencontré Marie-Noëlle. Je ne savais pas du tout qu'ils se connaissaient. Il y a des jours où le hasard s'habille de merveilleux. Nous avons toutes les deux eu en même temps l'idée de l'inviter au Festival des Voix et des Merveilles pour exposer ses œuvres. Son travail est magnifique.

Personnellement, je craque pour la statue qu'il appelle L'Homme à genoux, c'est un homme qui tient au dessus de sa tête une terre avec des déchets dedans mais sur laquelle pousse un arbre. Tout un symbole…

III Le temps des nouvelles Voies et des Merveilles.

9.

Face aux épreuves, une heureuse complémentarité.

Juin 2021 : Le jardin de Marie-Noëlle et André a retrouvé toutes ses couleurs. Avant de démarrer notre réunion, Ricardo s'y ballade et vole un abricot encore pas tout-à-fait mûr, mais c'est tellement bon de cueillir sur l'arbre… Ricardo est un jeune étudiant portugais bloqué à Breil depuis la crise du Covid. Il est d'une aide précieuse pour le collectif Reconstruire par la culture.

Le festival est dans un mois. L'ordre du jour est de finaliser le déroulement des deux week-end les 17-18 et les 24 -25 Juillet, entre les conférences culturelles, les ateliers artistiques, les concerts et bien sûr la restauration sur place. Tout est pensé et construit en fonction des possibilités de faire quelque chose à Breil. Comme le village ne peut pas accueillir de touristes pour dormir, il se fera la journée. Notre envie est de faire venir des touristes, des associations qui s'occupent d'enfants et de donner du baume au cœur aux villageois. Le festival commencera à 11h avec une conférence et finira vers 19h pour avoir le dernier train, le fameux train des Merveilles.

Le festival sera caritatif, avec différentes cagnottes pour récolter des fonds et reconstruire le patrimoine de Breil.

Jean-Marc a déjà quelques idées. Il a rencontré les responsables des monuments historiques de la région. « Il y a du boulot ! » nous résume t-il. Les spectacles seront gratuits pour que tout le monde puisse profiter de la fête.

Maria- Rosa, de l'association La Voix des Merveilles, s'occupe de trouver des artistes pour le concert d'ouverture, un concert lyrique. L'équipe de l'A Souceta Briienca prend la responsabilité logistique et administrative des 4 jours en lien avec Isabelle la conseillère municipale. Jean-Marc fait le lien entre toutes les associations. Et moi, je complète quand il faut compléter : Recherche d'artistes, mise en place d'ateliers culturelles, financement, communication etc… Depuis Avril, nous avons établi une notre réunion hebdomadaire par Zoom. Nos vies sont différentes depuis le Covid et certaines nouveautés numériques sont bien agréables. On s'adapte. On avance. Oui, nos vies sont différentes et parfois, entre ces deux épreuves, on ne sait plus parfois si ce changement relève de la crise du Covid ou de la tempête Alex. On sait une chose : Nous ne nous connaissions pas il y a à peine quelques mois et nous sommes en train de construire ensemble un projet.

« Nous sommes complémentaires ! » Voilà ce qui me plait à dire dans ce temps de préparation. Nous n'avons pas le même âge, la même façon de vivre, les mêmes habitudes, nous venons tous d'horizons différents voire de culture différentes et je vis sûrement pour la première fois de ma vie une ouverture d'écoute et de cœur que j'ai rarement connue jusqu'à présent, mais si souvent désirée. J'ai un immense plaisir à travailler avec mes nouveaux amis de Breil-sur-Roya.

Pourtant, chaque jour qui nous rapproche du festival devient de plus en plus difficile. Nos rêves se heurtent à des épreuves qui mettent en relief ces fameuses différences ainsi que la réalité du monde. Oui, s'il y a ce sentiment merveilleux d'avancer ensemble, il y a aussi l'autre face de la même pièce de monnaie : Nous voici parfois face à des situations inconnues à nos anciennes habitudes. Je ne connais pas celles de Breil, ils ne connaissent pas mes façons professionnelles de travailler. Qu'à cela ne tienne ! Nous trouvons deux solutions: L'écoute avant tout, puis, pour parer à certaines épreuves, je redouble mes appels à tout mon réseau d'amis aussi bien sur Nice que sur Paris. Les financements commencent à arriver, la Sacem en premier, puis l'association privée Freenews en deuxième dont la présidente Isabelle sera un puissant soutien. Les financements institutionnels arriveront ensuite… Tout le monde est sur le pont, mon équipe proche de « Question de Cœur » travaille à distance. Tiffany et Olivier et les autres ne croiseront jamais les Breillois, et pourtant, ils auront tellement donné pour ce festival…

Je regarde cette immense toile d'araignée qui se tisse de part et d'autre, le monde est merveilleux!

10

Les jours J.

Samedi 18 Juillet.

10h. Jean-Marc est en cuisine, Enfin, une forme de cuisine improvisée entre deux chantiers. Marie-Noëlle organise la vente, assistée de Rose. Les repas de cuisine locale seront vendus pour la cagnotte, alors il faut du monde. Un petit groupe de bénévoles de l'A Soucéta Briienca est à la fabrication des pâtes. La plus jeune s'appelle Alexandra, elle a tout juste 18 ans. Le plus ancien, sûrement 80 ans… Les touristes, tout comme mes équipes vont enfin pouvoir découvrir les suggelis. Ces pâtes locales en forme de dome. James, le compagnon de route de Wilfrid, assure les salades Niçoises. Entre tous, ça se chamaille, ça parle fort, ça se dispute un peu au son de l'accent chantant du Sud. Rose râle. Elle n'aime pas quand le ton monte. Je la comprends mais pour moi, aujourd'hui, c'est plutôt une bonne nouvelle, ils ont retrouvé l'énergie d'antan…

Wilfrid a abandonné son tee-shirt rouge de bénévole solidaire pour vêtir un joli polo. Il accueille les premiers visiteurs pour son exposition. C'est la première fois qu'il montre son travail d'artiste au public. Une grande première pour lui qui souhaite relier ici le sens de son travail de bénévole à celui d'artiste.

La veille, nous avons fait connaissance dans la vie réelle, nous avons discuté ensemble un long moment de la mise en espace de son exposition., sur la façon la plus pertinante d'inviter le public à entrer dans son univers. Quelle histoire raconter ?Pas simple, d'autant plus qu'il a souhaité partager ce lieu avec une autre artiste plasticienne Marie-Caroline. Ils sont sur la même ligne philosophique, travailler avec des déchets, sensibiliser sur l'écologie, mais dans des styles différents ceci dit, complémentaires. Aucun d'entre nous ne sait à ce moment là qu'une magie va opérer et que l'exposition n'aura pas le même visage entre le premier week-end et le second…. La magie des relations! Pour le 24 et 25 Juillet, Marie-Caroline viendra apporter des éléments de ses ateliers culturelles réalisées le premier week-end: Une magnifique fresque et des rideaux de pluies réalisés à partir de bouteilles en plastiques découpées, viendront harmonieusement se positionner comme un écrin, autour des petits personnages de Wilfrid, et viendront compléter son histoire. Son exposition rencontrera un vif succès.

Ce premier jour, le 18 Juillet, le public ne répond pas à l'appel. C'est la déception pour toute l'équipe jusqu'au concert de fin d'après-midi. Les 4 artistes lyriques qui ne se connaissaient pas tous ont répété toute l'après midi pour offrir un concert qui restera inoubliable. En plus de leur talent, il y a eu un égrégore qui a fait oublier toutes les difficultés de la journée. Richard, Claudia, Laetitia et Ismaël ont donné le La.

Jean Marc, Marie-Noëlle et les villageois qui se sont déplacés sont émus aux larmes.

Philippe, Patrick, Samuel, Laure, Gilles et Anne sont venus les jours suivant. Ils ont chanté, joué, fait vibrer, frissonner, parfois pleurer d'émotion le public, ils ont tous été à leur façon, extraordinaires.

Aucun artiste n'est venu avec un spectacle « en tournée ». Ils se sont tous adaptés, ont créé, ont chanté ou joué pour la situation en tenant leur promesse : Je serai là !

Je sais pourtant que derrière cette apparence, chacun a eu son lot de difficulté et ici, n'a fait apparaître que la beauté de leur cœur et leur art. Et quelle beauté que celle du cœur !

Marie-Noëlle, Jean Marc, Rose, Pomme et les autres se demandent encore comment vous remercier…

11

Les cadeaux de la vie…

Si à la cuisine, les équipes sont plutôt complètes, celle des régisseurs venus de Paris manque de bras pour installer et désinstaller les équipements au fur et à mesure des activités. Les bénévoles de Wilfrid prêtent main forte à André et Eric mais ne peuvent que passer. Ils sont sur d'autres chantiers. Pomme a une idée : Demander de l'aide aux scouts qui sont venus en mission reconstruction aux portes de Breil.

Et le dimanche, après avoir installé les tables, les chaises et les barnums sur la place du village et après avoir mangé les suggelis, ces pâtes breilloises faites à la main, les scouts s'approchent en bande de la sono pour demander à mettre leur musique. Ils n'ont pas 20 ans et leur musique, ce sont les tubes variété des années 70-80.

A 13h, alors que tout le monde vient pour se restaurer, ils mettent le feu sur la place Biancheri. Ils « ouvrent le bal. » Ils dansent, chantent fort, s'amusent. Pomme en profite, il saisit la main de Rose et la fait virevolter au son d'un Rock au milieu d'autres couples qui se sont lancés à leur tour. Je regarde Wilfrid, nous nous sourions. N'est-ce pas cela reconstruire par la culture ?

Un peu plus tard dans l'après midi, Pomme se lance dans une chenille sur la chanson A la queue leu leu, entrainant avec lui avec les scouts en chemise rouge, Rose et des breilloises en cotume local. Ils traversent l'exposition de Wilfrid, se déplaçant entre les statuts. Ah oui, j'ai oublié de dire que l'exposition a lieu dans la chapelle Sainte Catherine. Oui elle est désacralisée, mais ce moment reste sacré.

12.

Passer à autre chose …

Pendant que nous dansions et chantions à Breil, la Belgique et l'Allemagne subissaient de violentes tempêtes. Wilfrid est ensuite parti vers le Nord avec James et ses équipes. Là-bas, d'autres sinistrés attendent des bras et des coeurs pour les soulager .

L'été se termine, les jours raccourcissent, la rentrée des classes a fait la une des journaux, suivi son lot d'actualité habituel. Une info en chasse une autre...

Les vallées de l'arrière pays niçois ont commencé à se redresser. Grâce aux bénévoles, une énergie de reconstruction a été insufflée, les habitants des vallées vont maintenant continuer ensemble…

Oui il y a eu des ratés pendant le festival, mais tout le monde a beaucoup appris. Appris des autres, appris à travailler ensemble… Quel enrichissement. On parle tous de l'été prochain sans savoir quelle forme prendront les évènements. Peu importe…

Pour le moment, Rose reprend doucement espoir malgré une peur persistante au fond d'elle. Pour André, il faudra attendre encore un peu, mais à la fin de l'été, il a accepté quelques invitations au restaurant… et c'était agréable de le retrouver. Marie-Noëlle prend du temps avec lui en ce moment. Leur jardin est magnifique, la récolte des légumes généreuse.

Jean Marc me raconte ses déboires avec les services administratifs. Il voudrait commencer au plus vite les travaux des monuments historiques de Breil. Le festival a récolté des dons, il veut pouvoir montrer aux donateurs les travaux qu'ils vont effectuer. Son bon sens et son sens de l'humour vont me manquer …

Pomme gardera tout l'hiver le foulard bicolore des scouts autour du cou, une façon de les sentir encore avec lui quand il continuera à remonter les murs de pierres des restanques. Récemment, il vient d'apprendre qu'un groupe de scouts a fait une quête chez eux à Soisson pour faire un don à son association La Cruella. Une façon de lui dire merci pour tout ce qu'il a pu leur transmettre…

Je suis à Paris où j'ai repris mon activité professionnelle après ces quelques mois de parenthèse, et je pense à cette fameuse « toile d'araignée d'amitié » qui s'est créée pendant toute cette période, à tout ce qui s'est échangé comme joie…Moi non plus, je ne sais pas comment dire merci à chacun, le mot me semble faible par rapport à ce que je ressens…

Je pense aussi à tout ce qu'il se passe dans le monde. Il y a tellement à faire, tellement de liens à créer ou à ressouder, de ponts à construire entre les gens, les générations, entre tout ce qui nous est différent… Des ponts pour le futur.

Je regarde machinalement mon portable et découvre un message auquel je ne m'attendais pas: « Je vous remercie pour tout. »

IV. Témoignage du Maire,
Sébastien Olharan

Le 3 Octobre 2021, c'est le premier anniversaire de la tempête Alex

Lors de la cérémonie de commémoration, Sébastien Olharan, Maire de Breil sur Roya, devenu depuis aussi Conseiller Départemental des Alpes Maritimes, a donné ce discours sous forme de témoignage en présence du Prince Albert de Monaco, des Préfets, d'élus, des représentants des autorités civiles et militaires, des familles et proches des victimes, des habitants de Breil, des bénévoles et des visiteurs amis.

Il y a des événements qui marquent plusieurs générations, des événements qui constituent un point de rupture dans l'histoire, des événements qui installent dans l'esprit de tous la conviction même inconsciente qu'il y avait un avant et qu'il y a un après.

La catastrophe des 2 et 3 octobre 2020, qui a frappé nos vallées sinistrées des Alpes-Maritimes, en est un. Un évènement historique par sa dimension tragique et dévastatrice. Oui, pour chacun et chacune d'entre nous, il y a désormais un avant et un après Tempête Alex.

Ces moments terribles que nous avons vécus collectivement resterons à jamais gravées dans nos mémoires. Comment oublier ces instants pendant lesquels tout a basculé?

Il suffit de quelques secondes de répit, d'une minute où mon esprit échappe aux remous du quotidien, il suffit d'une évocation, d'une image, d'un bruit, d'une rencontre, pour que rejaillissent à la surface ces souvenirs, incontestablement confus mais incroyablement forts.

Je me souviens de ce jeudi 1er octobre après-midi, de ce message annonçant une alerte météorologique et la fermeture des écoles pour le lendemain.

Je me souviens de la salle du conseil municipal transformée dès le 2 octobre, 7h du matin, en cellule de crise, réunissant des hommes et des femmes, un équipage qui a prouvé qu'il était capable de faire face, de résister à la fureur des flots. Avec eux et d'autres qui nous ont rejoints par la suite, nous avons noué des liens que le temps ne pourra jamais estomper.

Je me souviens du sérieux qui nous caractérisait malgré une perplexité ambiante. Une vigilance rouge? Encore une? Peut-être est-ce une vigilance qui concernera d'autres territoires? Peut-être est-ce une vigilance pour rien?

Je me souviens du bruit strident de la sirène qui retentit à 11h30. Du téléphone de la Mairie qui sonne. D'une personne qui interroge : pourquoi avez-vous déclenché la sirène ? De notre réponse : C'est à cause de l'alerte météo. Et de la personne qui répond : ah c'est juste pour ça.

Je me souviens du vent qui s'est levé, de ces rafales qui nous empêchaient de fermer les portes, qui nous empêchaient de tenir debout. Je me souviens de ces toitures emportées rue Ciappera, de ces tuiles, de ces tôles, de ces pots de fleurs qui volaient autour de nous. J'entends encore la voix de ce sapeur-pompier qui me dit : « Monsieur le Maire, c'est dangereux, vous mettez un casque ou vous montez dans la voiture »

Je me souviens des premières évacuations, du camping, du Castel du Roy, de l'Isola, de ce centre d'hébergement d'urgence qui n'accueillait à son ouverture qu'une poignée de personnes, essentiellement naufragées du train.

Je me souviens de notre commune plongée dans le noir, du déménagement précipité du poste de commandement vers un lieu disposant d'une électricité devenue soudainement rare et précieuse.

Je me souviens des voitures demeurées au village, de cette étrange certitude qui me traversa alors l'esprit que l'eau n'arriverait jamais jusqu'à la place Bianchéri ». Une des nombreuses certitudes que la Tempête Alex n'allait pas tarder à balayer.

Je me souviens de ce que le général de Gaulle appelait en son temps : « le tumulte des hommes et des événements », de cette agitation, de ces appels incessants, de ce flux continu d'informations qui grossissait en même temps que le débit de la Roya.

Je me souviens de ces nouvelles qui tombaient comme autant de coup de massues qui vous écrasent l'estomac et vous brisent le cœur :

- Un sauvetage est en cours au Gavas. Un homme est coincé sur l'autre rive et son époux aurait été emporté.
- Une voiture avec des gens à bord a dérivé jusqu'à s'engouffrer dans le barrage tous feux allumés.
- Au Sud de Breil, un couple de personnes âgées est parti avec sa maison.
- A Piène-Basse, une demeure où vivaient plusieurs générations d'une même famille a disparu dans la Tempête.

Je me souviens d'une dernière conversation téléphonique, et du silence, la fin des communications, la rupture du seul lien qui nous rattachait à l'extérieur.

Je me souviens de cette interminable nuit, ce sentiment d'impuissance, cette impossibilité d'agir tant que l'eau n'aurait pas baissé et que le jour ne se serait pas levé.

Je me souviens de ces pompiers avec lesquels je suis resté quelques instants, échangeant quelques mots de réconfort et buvant avec eux un café pour la première fois de ma vie.

Je me souviens de la place Biancheri dans la noirceur de la nuit, des carcasses de voitures éclairées par la faible lueur de mon téléphone, de mes bottes de pluie manquant de rester enfoncées dans cette montagne de boue.

Je me souviens de mes visites au centre d'hébergement d'urgence. De ces 86 personnes arrachées brutalement à leurs foyers, installées dans la pénombre, de l'angoisse sur leurs visages, de la peur dans leurs yeux, de ces murmures, de ces sourires crispés se voulant rassurants.

Comment oublier cette longue nuit ? Comment dormir quand on sait que l'aurore lèverait le voile sur un paysage d'apocalypse ?

Nous sommes le 3 octobre ! Les premières lueurs du jour pointent à l'horizon. Le soleil se lève, pas sur une victoire comme à Austerlitz, mais sur une terrible défaite. Une défaite de l'homme contre la nature. Je dirais même une défaite de la nature contre elle-même.

Je me souviens de ces habitants disséminés sur le boulevard Rouvier, muets, l'air hagard, le regard perdu cherchant leur village qu'ils ne reconnaissaient pas.

Tout autour de nous avait été transformé.
En quelques heures, le vert avait cédé la place au gris.
A la place du gazon, de la boue.
A la place des fleurs, des débris
A la place des arbres, des rochers.

A la place de notre lac, un amas de pierres, de déchets, d'épaves.

A la place de maisons, des ruines ou parfois même le vide.

Vue du ciel, le tracé autrefois gracieux de la Roya et de ses affluents apparait aujourd'hui encore comme des cicatrices ouvertes, comme de larges fissures à l'image de celles qui fragilisent notre église et les immeubles qui l'entourent.

Le jour ne lève pas seulement le voile sur ces paysages de dévastations. Il lève le voile sur un drame humain. Certaines personnes que l'on croyait mortes sont finalement saines et sauves, mais d'autres n'ont pas survécu à cette nuit tragique.

David RAVNHOLT, âgé de 51 ans.
Anne-Marie SABATINI, âgée de 81 ans
Louis dit « Gino » SABATINI, âgé de 99 ans.

Trois vies emportées. Deux vivaient à Breil depuis longtemps. Le troisième s'y était installé depuis peu. Trois citoyens Breillois à part entière. Trois citoyens qui étaient aussi des époux, des épouses, des parents, des frères, des sœurs, des grands-parents, et qui laissent derrière eux des familles dans la peine, un village endeuillé.

Nous n'avons jamais eu de trace de cette voiture emportée par les flots. Est-ce que les témoins ont bien vu ce qu'ils ont cru voir? Y avait-il vraiment quelqu'un à bord ? Ne nous aurait-on pas signalé une disparition depuis un an?

Oui sans doute s'il s'agissait d'un Breillois, d'un habitant de la vallée. Qui nous dit qu'il ne s'agissait pas d'un couple sans famille, sans personne susceptible de signaler sa disparition ? Qui nous dit qu'il ne s'agissait pas de touristes partis loin de chez eux, sans dire à leur proche où ils allaient et qui ne sont jamais revenus? Ces questions hélas, il est possible qu'elles ne trouvent jamais de réponse.

Les jours passent, les moyens de communication se rétablissent et les nouvelles venues d'ailleurs provoquent l'effroi, comme l'annonce de la disparition du berger Paul GIORDANO, emporté par les eaux à Tende, sous les yeux de son frère.

Puis des nouvelles de nos voisins et amis de la vallée de la Vésubie où 14 habitants ont perdu la vie, parmi eux, deux sapeurs-pompiers le Commandant Bruno KOHLUBERT et le pompier volontaire Loic MILLO, fauchés dans la fleur de l'âge alors qu'ils risquaient leur vie pour sauver celles des autres.

Nous apprenons la détresse de nos amis des autres communes de la Roya, coupés du monde, et nous faisons aussitôt notre possible pour les approvisionner. Considérant que nous partageons une seule et même vallée, que nous sommes une seule et même communauté de vie, et convaincus que nos 5 communes se relèveraient ensemble ou ne se relèveraient pas.

Je fais partie de ces jeunes générations qui n'ont jamais connu la guerre, mais aujourd'hui, peut-être à tort, j'éprouve le sentiment de l'avoir vécue.

Je revois ces militaires en armes filtrant l'accès au pont supérieur. Je ressens sur mon visage le souffle violent de ces hélicoptères de l'armée qui se succèdent dans un ballet incessant. J'entends encore la colère de certains habitants lorsque je leur annonce que nous ne distribuerons dans un premier temps qu'un seul litre d'eau par personne. Si on ajoute à cela les paysages comme bombardés, oui je crois que nous avons connu une guerre.

Quelques semaines après la Tempête, nous recevons la visite de Monseigneur MARCEAU, Évêque de Nice, qui m'envoie le soir même un SMS bouleversant dont je vous lis quelques mots :

« J'ai pu percevoir l'ampleur de cette catastrophe… paysages dévastés… état des maisons sinistrées.
J'ai été très touché par les rencontres des personnes, bienveillantes, et marquées par cette situation d'inquiétude et

de douleur… une colère qui affleure… et malgré toutes ces relations feutrées entre les personnes…Ces petits attroupements presque silencieux… Le malheur pèse.

Mais l'espérance est là tout de même : travaux, marché qui reprend timidement, engagement des volontaires, équipes que l'on sent au service des autres.

Votre village est appelé à être « autrement »… mais il sera ! ».

Et nous sommes là, mes chers amis, 1 ans après, ici rassemblés avec tous ceux qui ont été à nos côtés, dans cette nuit du 2 au 3 octobre 2020 nos gendarmes, nos pompiers, nos militaires, notre policier municipal, les élus et agents de la Mairie, les équipes de la direction des routes du Département, de FORCE 06. Sans oublier la Croix-Rouge, les équipes du collège, de la CARF, d'ENEDIS, du Parc National du Mercantour, de la SNCF, la Réserve Communale de Sécurité Civile de Castellar, et ces citoyens venus spontanément prêter main forte.

Dans cette période difficile, j'ai eu la chance exceptionnelle de pouvoir compter sur une population patiente, compréhensible, responsable, particulièrement mobilisée et engagée au service des autres. C'est ensemble que nous avons traversé cette épreuve.

Nous sommes là, 1 an après, entourés de beaucoup de ceux qui, dès les premières heures ou quelques mois plus tard, sont venus à notre secours, sont venus nous aider, illustrant ainsi cette solidarité que l'on aime qualifier de nationale mais qui en réalité est d'abord une solidarité humaine.

La meilleure preuve de cette solidarité au-delà des frontières, c'est vous Monseigneur, *(il s'adresse à SAS, Le Prince Albert de monaco)* et derrière vous toute la société monégasque, qui nous la donnez avec ces nombreux gestes de générosité à destination de nos vallées sinistrées et au travers de votre présence aujourd'hui, qui est un immense honneur.

Nous sommes là pour rendre hommage à toutes celles et tous ceux qui nous ont aidé, et nous aident encore, à traverser cette période difficile, pour nous rappeler aussi que l'être humain est capable du meilleur lorsqu'il est en empathie avec l'autre.

Nous sommes là pour honorer la mémoire de celles et ceux qui nous ont quittés, qui ont perdu la vie dans cette catastrophe, et pour dire à leurs familles et leurs proches, combien nous nous associons à leur douleur et pour les assurer, du fond du cœur, de notre soutien.

Et puis nous sommes là pour montrer que nous sommes unis, que nous sommes debout, face à l'histoire qui est jalonnée de tragédies, et face à la géographie qui ne nous a pas épargnée. Oui nous sommes là car nous avons l'espoir, l'espoir de jours meilleurs pour nos vallées et pour tous ceux qui aujourd'hui sont encore dans l'incertitude, dans la souffrance, et ont besoin de nous.

En guise de conclusion, je vous propose de venir ce soir, ou un autre soir, à la tombée de la nuit, sur ce Pont Charabot, et à regarder vers l'obscurité du lac.

Vous y verrez deux lueurs :
- La première est celle de la Maison du souvenir, symbole d'une vallée qui n'oublie pas ses enfants disparus, ni ceux qui lui ont tendu la main
- La seconde est celle qui éclaire le jet d'eau installé dernièrement, symbole d'une vallée toujours plus belle, symbole d'une vallée qui, envers et contre tout, se redresse et va vers l'avenir.

Vive Breil-sur-Roya !Vive la Roya !
Et longue vie à nos magnifiques vallées des Alpes-Maritimes !

Sébastien Olharan,
Maire de Breil,
Conseiller départemental des Alpes Maritimes

V. Postface

Un pont sur le futur

Quand j'ai commencé à écrire ce récit, je pensais appeler ce livre, un pont vers le futur, puisqu'il raconte la façon dont Marie- Noëlle, Jean-Marc, Rose, Pomme et les autres se sont relevés de la tempête Alex pour avancer vers le futur.

Mais mon esprit de réalisatrice m'a rattrapée et je me suis dit que ce livre n'avait pas la prétention de parler du futur des uns et des autres, mais juste de permettre, à travers des témoignages, de poser un autre regard sur le futur à partir d'une expérience collective. Un regard élargi.

Un pont sur le futur, c'est prendre de la hauteur.

Je pense ici au magnifique pont en pierre du XIV ème de Dolce Aqua, un village italien juste de l'autre côté de la frontière française, un peu au dessus de Vintimille.

Ce pont est en arc de cercle, il a été source de plusieurs tableaux de Monnet. Il faut monter pour arriver à son sommet, découvrir ainsi un autre point de vue du paysage qui s'étend sous nos yeux, puis en descendant, faire attention de ne pas glisser, surtout si les pavés sont mouillés...

Ce pont ressemble à celui de la couverture du livre qui a été d'abord notre symbole du festival. Sa forme arrondie pourait évoquer le fait d'encercler un évènement de vie, une façon de poser quelque chose au centre, une pensée, une envie, une valeur peut-être pour permettre à chacun de repartir de ce point central.

Au début de la pandémie, beaucoup ont cru à ce qu'on a appelé : Le monde d'après. Un monde plus en harmonie avec la nature, un monde où les relations humaines seraient plus douces…

Mais la réalité de la crise, ou plutôt des crises puisqu'elle est bien systémique par le fait que tout est relié, a fait renaître des peurs fondamentales, en particulier, celle de perdre sa place, de perdre ses avantages ou ses privilèges.

Perdre sa place, prendre sa place! Là est tout est la question de chaque être humain.

Jean-Edouard Grésy, anthropologue, sociologue, écrivain soulève un changement de société visible qui m'interpelle . Pour lui, l'avenir se dessine non plus par la lutte des classes, mais par la lutte de la reconnaissance. Les minorités se font entendre, parfois de façon extrême, parfois par rejet...

S'il semble évident que chacun a besoin d'être reconnu, de sentir qu'il a une place et qu'il joue un rôle dans la société, cette recherche doit-elle se faire par la violence et le rejet de l'autre? Prendre sa place est-ce prendre la place de l'autre? La culture ne permet-elle pas justement une ouverture d'esprit et une forme de dialogue qui permet d'établir une voie du milieu? A articuler nos relations entre nous, nos talents et nos compétences? A tisser des liens pour oublier les styles culturels? Le lyrique n'est pas un art élitiste et le bal n'est pas qu'une activité populaire.

A l'heure où nous parlons de vivre ensemble, il est intéressant de se pencher sur le rôle de la culture dans son sens initial.

Je finirai ici par une anecdote symbolique que nous avons vécue sur le festival des Voix et des Merveilles. Elle illustre bien cette image du pont sur le futur.

Le premier dimanche, c'était le jour du concert de Ça percute, le groupe de percussions de Philippe. Il avait prévu de venir avec Etienne, professeur au conservatoire de Grasse, et une bonne dizaine de leurs élèves, pour faire un atelier d'initiation aux percussions l'après midi et bien sûr, le concert en fin de journée.

Pour les ateliers, nous avions lancé un appel à toutes les associations s'occupant d'enfants du département des Alpes Maritimes.

ALC , une association s'occupant d'enfants migrants a répondu présente pour ce dimanche, et elle est venue avec une douzaine de jeunes, ses éducatrices et un de ses membres.

La majorité des jeunes a choisi de s'initier aux bidons / percussions sous la direction de Philippe et d'Etienne. Le pari était de leur apprendre en quelques heures à jouer un morceau qu'ils interprêteraient en direct avec les élèves du conservatoire. Deux autres ont choisi l'atelier d'art plastique avec Marie Caroline. Leur objectif était de réaliser le décors du concert, en particulier, ces fameux rideaux de pluie avec des bouteilles en plastique recyclées coupées en très fines lamelles et ajustées ensemble ensuite. Marie Caroline en garde un souvenir marquant. Elle n'avait jamais vu quelqu'un de si appliqué que ne l'était un de ces jeunes. Un dernier du groupe a souhaité découvrir les coulisses de la régie.

Fin de journée, le spectacle va commencer. Les jeunes migrants sont prêts et, pari gagné, ils vont jouer sur scène leur morceau.

Pour eux, c'est la première fois qu'ils vont monter sur scène. Comme à chaque début de spectacle, la marraine du festival Maria-Rosa va saluer les artistes. Côte à côte, les jeunes des conservatoires de Nice et de Grasse et les jeunes migrants étaient là à l'écouter raconter ses anecdotes de soprano d'opéra.

Il y a à peine quelques heures, tous ces jeunes et leurs encadrants ne se connaissaient pas. Ils ont appris à travailler ensemble sur un art précis. Cela peut sembler simple de taper sur des bidons, mais pas tant que cela… Seules, l'écoute, la précision, la coordination permettent de toucher l'harmonie, surtout quand ils sont une quinzaine sur scène de niveaux différents.

Le concert s'appelle Tempête sur le coeur. Il est en lui-même déjà un travail collectif d'artistes, celui de Philippe , Marie Caroline et un comédien Patrick. L'objectif est de rendre hommage à la tempête, à ses rythmes et sa puissance, entre force et calme. Les morceaux de percussions seront entrecoupés par des lectures de texte et de poésie.

Depuis quelques semaines, Marie Caroline a récolté sur des cœurs en papier les mots des maux, c'est à dire, les expressions de ceux qui ont vécu la tempête ou qui sont passés par Breil. Patrick les offre ce soir au public.

Ce concert est plus que celui d'un collectif, il est celui de tout le monde. Les jeunes scouts sont dans le public mélangés au public, à des breillois et à des touristes.

Je regarde cette soirée, est-cela cela un pont sur le futur ?

Quelques messages "Sur le coeur"

récoltés par Marie-Caroline

- Alex s'est invité, Alex a tout emporté, Alex a tout dévasté. Il était indésiré et tel la Fée Carabosse, il s'est bien vengé. Qui sème le vent récolte la tempête. (Anonyme)

- Les eaux déchainées ont emporté les pierres, les arbres, les maisons riveraines et les ponts séculaires puis les coeurs ont battu ensemble pour porter secours et témoigner d'une même humanité. (Anonyme)

- Un jour terrible d'octobre le ciel s'est déchainé, les ponts et les routes perchées ont été emportés, des familles entières leurs maisons dévastées, et le coeur de tous les français fut brisé. Votre montagne, Notre défi. Solidarité. (Arnaud)

- Enormément touchés le 2 octobre dernier, nous venons vers vous aujourd'hui par ce train des Merveilles qui traduit bien le nom de votre vallée demeurée merveilleuse malgré tout! Avec notre amical soutien. (Les Marseillais)

- Au coeur des Alpi Maritimi il y a toi vallée Roya des Merveilles et tous tes villages perchés ont la mémoire de l'eau, qui un temps abreuve et sauve, un temps inonde, emporte et noie... (Anonyme)

- Cette tempête nous rappelle la nécessité de renouer avec le Vivant- et de rester humble en tant qu'êtres humains. Tout est relié. (Anonyme)

- Je me souviens du bruit des hélicoptères toute la journée au- dessus de nos têtes. (Anonyme)

Nota bene : L'intégralité de ces messages sont collés sur la fresque de Marie-Caroline qui est à Breil-sur-Roya

Table:

Avant propos …………………………………………..6

I. L'effondrement ………………………………….....8

II. Le temps des rencontres……………..……………25

III. Le temps des nouvelles Voix et des Merveilles …45

IV. Témoignage du maire, Sébastien Olharan ………61

IV. Postface……………………………………………75

Quelques messages sur le coeur récoltés

par Marie-Caroline……………………………….....83

Biographie

Anne Dorr est autrice réalisatrice, principalement de documentaires de télévision depuis plus de 20 ans après un passage en réalisation sur des émissions de variétés, des jeux comme Fort Boyard.

Ses films racontent le monde, témoignent de ses beautés, de l'humanité croisé qui redonnent force et courage. Elle porte dans son cœur, le premier documentaire qu'elle a réalisé sur Salvatore Adamo, Célèbre et méconnu, et celui sur Gilbert Montagné « Gilbert, le visionnaire » deux film qui sortent des entiers battus et qui dévoilent d'autres aspect des ces célébrités.

Dans d'autres films, Anne Dorr est partie à la rencontre d'inconnus qui faisaient de leur vie, une histoire universelle. Quel courage trouve t-on derrière les pompiers du GRIMP de Paris ou derrière des chefs cuisiniers qui passent le concours du M.O.F (meilleur ouvrier de France)?

Influencée par André Malraux, engagée convaincue que la culture et l'art apportent une influence positive et constructive sur chaque être humain et sur la société, Anne Dorr a créé sa propre association culturelle Question de Cœur qui a pour vocation de promouvoir des œuvres et actions culturelles à but humaniste. Elle membre Conseil d'administration de la Sacem et de l'Unac.

Pour une fois, ce récit n'est pas un récit qu'elle a suivi pour son travail. Elle l'a vécu sans l'idée d'en faire un film. Mais une fois l'aventure terminée, l'envie de témoigner est revenue au galop. Et cette fois, elle est protagoniste parmi les protagonistes.